CON GRIN SU CONOCIMIENTOS VALEN MAS

Bibliographic information published by the German National Library:

The German National Library lists this publication in the National Bibliography; detailed bibliographic data are available on the Internet at http://dnb.dnb.de .

Imprint:

Copyright © 2017 GRIN Verlag, Open Publishing GmbH
Print and binding: Books on Demand GmbH, Norderstedt Germany
ISBN: 9783668389380

This book at GRIN:

http://www.grin.com/es/e-book/352693/base-sociologica-de-la-globalizacion-en-america-latian

Jairo J. Simonovis Rojas

Base sociológica de la Globalización en América Latían

GRIN Publishing

GRIN - Your knowledge has value

Since its foundation in 1998, GRIN has specialized in publishing academic texts by students, college teachers and other academics as e-book and printed book. The website www.grin.com is an ideal platform for presenting term papers, final papers, scientific essays, dissertations and specialist books.

Visit us on the internet:

http://www.grin.com/

http://www.facebook.com/grincom

http://www.twitter.com/grin_com

Base sociológica de la Globalización en América Latían

Dr. Jairo J. Simonovis Rojas (PD)

INTRODUCCION

El presente estudio referido a un análisis de la educación en América Latina y el Caribe desde la perspectiva del contrapunto entre la participación social y la exclusión elitista, alude primero al modelo educativo propio del sistema colonial y a la supervivencia, que se tradujo en una exclusión de la cultura y del conocimiento que se califica como rasgo definitorio de la situación Latinoamericana y del Caribe hasta la mitad del presente siglo. Seguidamente se tratan las contradicciones existentes entre la práctica social y los discursos, mediante el análisis de las características propias de la región en términos de la oferta y la demanda educativa. En este sentido, se hace referencia a la limitación de la oferta educacional como forma de control social, y a las contradicciones que produce en el seno de los sistema educacionales, la divergencia entre las demandas planteadas por 105 diversos grupos sociales, al ser acogidas, en un plano más vinculado a la política que a los aspectos específicamente técnicos de la educación. Se destaca además algunos rasgos del proceso de cambio estructural de la región en décadas recientes, estudiando el papel de la educación como variable de ajuste social y como variable de conflicto social, al no haber congruencia entre las expectativas de participación surgidas en torno a la educación y las situaciones de exclusión que se dan en muchas sociedades.

LATINOAMERICA Y SU PASADO

En la historia de Latinoamérica los conceptos de participación y de exclusión se expresan no sólo en un contrapunto de oposición, sino de acuerdo con relaciones contradictorias derivadas de la falta de coherencia y articulación social entre las conformaciones históricas de las estructuras sociales y el papel de las ideologías que fueron difundidas por élites políticas con el objetivo de crear, para las sociedades del Nuevo Mundo, bases cualitativamente distintas de las vigentes en el Antiguo Régimen Europeo.

América Latina ha sido una de las regiones del mundo donde el modelo de organización social colonial rigió durante un período más prolongado, con una imbricación de poblaciones vencidas, de esclavos africanos y de minoría blanca dominante. A lo largo de tres siglos, ese modelo que combinaba exclusión, explotación y dominación, estableció un conjunto de referentes para las relaciones entre minorías y masas que se mantuvieron más allá del término formal del poder de los imperios español y lusitano, proyectándose hasta nuestros días. En algunos casos las instituciones en que se fundaba el modelo -como la esclavitud- perduraron en Brasil hasta 1888, estableciendo relaciones señoriales e internalización de la inferioridad racial, que aún persisten en la memoria colectiva. En los países de fuerte base indígena, la desintegración económica subsiguiente al fin del ciclo de producción de metales preciosos enquistó las formas de dominación en un tipo de relación hacienda-comunidad indígena, que, en países como Bolivia, Ecuador y Perú, sobrevivió hasta después de la Segunda Guerra Mundial. En otros países, como Chile, el largo ciclo de guerras contra los indígenas subsiste hasta finales del siglo XIX y establece mecanismos de dependencia personalizada, cuando no de fijación a la tierra, de una masa indígena o mestiza que es integrada a las relaciones de dependencia y exclusión que, en el lenguaje corriente, se conocen por las de "patrón de fundo".

En el modelo de estructura colonial, un elemento clave de la dominación consistió en asegurar la exclusión de las masas originarias de las poblaciones vencidas, de las poblaciones esclavas y del conjunto humano escasamente diferenciado que se puede calificar con el nombre de pueblo, apelando a criterios estamentales y culturales que hicieron congruente la exclusión social y económica. Por un lado, se construyó una compleja organización jurídica donde las condiciones raciales fueron clasificadas jerárquicamente en blancos, negros, indios, mestizos, mulatos, cuarterones, quinterones, cholos y tantas otras denominaciones con las que se trataba de encuadrar el proceso de mestización. A cada categoría correspondía un sistema de derechos que, con relación a la educación y la cultura, tuvieron estatus específicos. Los estatutos de la Universidad de San Jerónimo especificaban la no admisión de los negros, mulatos y cualquier género de esclavos, y en México se excluía a los negros, mulatos e indios de la posibilidad de ser maestros, en prevención de que alguno de ellos hubiera adquirido una educación incongruente con la ordenación estamental. La exclusión se apoyaba asimismo en la necesidad de controlar políticamente la gran masa de los socialmente inferiores. Así, la "Real Orden del Virrey del Perú sobre el colegio de caciques e indios nobles de Lima" de 1785 advertía que el establecimiento de escuelas en los pueblos puede traer perniciosas consecuencias, y que los indios deben ser instruidos solamente en la doctrina cristiana, pues cualquier otra enseñanza es muy peligrosa; respecto a que desde la conquista parece que no ha habido revolución de estos naturales, que no proceda de alguno más instruido (Weinberg, 1986).

El carácter segmentario que define el modelo colonial tiene como una de sus manifestaciones más evidentes el desinterés por integrar a la población en el mismo patrón lingüístico. Si a cinco siglos del descubrimiento de América se puede estimar que aproximadamente una décima parte de la población de la región sigue conservando una lengua materna ajena a la oficial, cabe suponer la magnitud que tuvo este sector de la sociedad hasta, épocas tan recientes como las primeras décadas del presente siglo. La no integración lingüística en modo alguno fue el resultado de un respeto a las identidades culturales de los grupos vencidos o esclavizados, sino que manifiesta la carencia de un proceso de unificación en la producción y circulación de los bienes económicos y culturales, y evidencia además una estrategia de dominación que negaba la capacidad de hablar a vastos grupos sociales porque estaban excluidos de la lengua oficial, que por ser tal se impone a todos los habitantes como la única legítima y obligatoria en todas las acciones oficiales y de mercado. Aun en los países donde las influencias de las lenguas africanas e indígenas fueron muy limitadas (o tempranamente eliminadas como consecuencia de la evangelización), se constituyó a lo largo de la historia rural -que fue la historia de América Latina hasta avanzado el presente siglo- un lenguaje popular que se asentó como lengua legítima debido a la limitada comunicación entre el mundo rural y las islas urbanas. Esas formas lingüísticas tuvieron vigencia y poder relativo mientras los hombres que las utilizaron lograron ejercer una capacidad política y militar para enfrentar a los poderes centrales y urbanos; fueron subsumidas en la categoría de formas lingüísticas vulgares o coloquiales desde que el poder urbano y burgués estableció su dominio. Por eso, los intentos de construir la nación a partir de las formas culturales populares fueron sistemáticamente anulados en beneficio de la construcción de un Estado que se consideraba como la representación de los grupos de poder material y cultural. En el caso del Río de la Plata, la cultura rural tuvo una importante expresión oral, cuya primera manifestación en la época de la lucha de la independencia fue tal vez los Cielitos de Bartolomé Hidalgo, la que culminó con la obra de José, Hernéndez, Martín Fíerro, evocación literaria y nostálgica de la expresión cultural del grupo vencido. A diferencia de lo sucedido con la colonización anglosajona que, al establecer colonias de poblamiento, crea ante todo escuelas primarias de tipo comunal o religioso, en América Latina las universidades fueron las instituciones más significativas del sistema educativo.

Universidades más antiguas, en América Latina.

Siglos	Países	Universidades	Año de Creación
XVI	R. Dominicana	de Santo Domingo	1538
	México	Michoacana de S.N. de Hidalgo	1540
		Nac. De México	1551
		de Puebla	1578
	Perú	Nac. Mayor de San Marcos	1551
XVII	Argentina	de Córdoba	1613
	Colombia	Javeriana	1622
		Col. Mayor de N.S. del Rosario	1653
	México	de Querétaro	1625
	Bolivia	Mayor San Fco. Xavier	1664
	Guatemala	San Carlos de Guatemala	1676
	Perú	Nac. San Cbal. de Huamanga	1677
		Nac. de San Antonio de Abad	1692
XVIII	Colombia	de San Buenaventura	1708
	México	de Campeche	1714
		de Guanajuato	1732
	Cuba	de la Habana	1728
	Venezuela	Central de Venezuela	1771

Fuente : Guadilla Carmen. (1996).

La expresión educativa de lo anterior consistió en que la exclusión de la cultura y del conocimiento constituyó el rasgo más definitorio de América Latina hasta cerca de la mitad del siglo XX. Las escasas fuentes censales disponibles (considerando además que el deterioro es más grave de lo que indican las cifras, por la subnumeración de la población rural dispersa) muestran que el analfabetismo de la población de 14 años o más llegaba al 53% en Argentina en 1895; en el mismo año, en Chile ascendía al 68% y en Cuba era de 43% entre la población mayor de 10 años. Finalmente, en

Brasil en la segunda década del siglo XX, mientras en el distrito de Río de Janeiro alcanzaba el 41%, era del orden del 80% para el conjunto de la población nacional. En 1950, con excepción de Argentina, Costa Rica, Cuba, Chile y Uruguay, la tasa de analfabetismo para la población mayor de 15 años superaba al 30% en todos los países de América Latina, registrando porcentajes del 50% en Brasil y otros aún mayores en América Central.

AMERICA LATINA Y EL CARIBE EN COMPARACION CON LOS PAISES MAS DESARROLLADOS SECTOR EDUCACION.- Variable: Analfabetismo de adultos

En el siguiente gráfico, se puede observar como el índice de analfabetismo de adultos ha disminuido en los años 80, 90 y 95 en América Latina y el Caribe, aunque en algunos países sus índices continua siendo alarmante.

PAIS	ANALFABETISMO DE ADULTOS Porcentajes					
	AÑO 1980		AÑO 1990		AÑO 1995	
	% de analfabetas	Indice de comparación	% de analfabetas	Indice de comparación	% de analfabetas	Indice de comparación
Prom. P de Ingresos altos	4,0	100,00	3,0	100,00	3,0	100,00
Prom. A. Latina y El Caribe	17,6	439,8	13,5	449,2	12,6	419,0
Argentina	6	150,0	5	166,7	4	133,3
Bolivia	37	925,0	23	766,7	17	566,7
Brasil	26	637,5	19	633,3	17	566,7
chile	9	222,5	7	233,3	5	166,7
Colombia	12	305,0	13	433,3	9	300,0
Costa Rica	7	185,0	7	233,3	5	166,7
Ecuador	17	412,5	14	466,7	10	333,3
El Salvador	33	817,5	27	900,0	29	966,7
Guatemala	44	1.105,0	45	1.500,0	44	1.466,7
Haití	63	1.562,5	47	1.566,7	55	1.833,3
Honduras	40	1.000,0	27	900,0	27	900,0
Jamaica	11	285,0	2	66,7	2	50,0
México	16	400,0	13	433,3	10	333,3
Nicaragua	12	300,0	26	866,7	34	1.133,3
Panamá	13	322,5	12	400,0	9	300,0
Paraguay	12	307,5	10	333,3	8	266,7
Perú	18	452,5	15	500,0	11	366,7
R. Dominicana	31	785,0	17	566,7	18	600,0
Trinidad Y Tobago	5	127,5	5	166,7	2	66,7
Uruguay	5	125,0	4	133,3	3	100,0
Venezuela	15	382,5	8	266,7	9	300,0
FUENTE	BANCO MUNDIAL					

Ideología de la Participación.

Desde la gesta de la independencia, los ideólogos del proceso fundacional tomaron como referencia negativa la estructura social y de poder vigente en el orden colonial y en los países absolutistas de Europa; el pensamiento iluminista del siglo XVIII y la organización social de los Estados Unidos fueron los basamentos para la fundación de sociedades libres y republicanas. Junto con el rechazo al poder colonial español se afirmó la noción de que se estaba creando un mundo nuevo donde no regirían las distinciones aristocráticas ni las estamentarias y raciales del orden colonial.

En todos los casos, sin embargo consagrado en las constituciones y en el discurso político oficial el principio teórico de que la soberanía radicaba en el pueblo, de que el poder se originaba en el sufragio, en algunos casos teórica-mente irrestricto y en otros limitados por distingos censitarios, que no existían más diferencias que las de méritos y virtudes, y que la educación sería consagrada como responsabilidad de los gobiernos para educar al soberano para ejercer plenamente sus derechos.

En México, Benito Juárez en 1824, en clara orientación hacia el poder popular y nacionalista, afirmó que lo que impide la concurrencia de los niños a la enseñanza es la miseria pública. Porque el hombre que carece de lo preciso para alimentar a su familia, ve la instrucción de sus hijos como un bien muy remoto, o como un obstáculo para conseguir el sustento diario.

En el otro extremo del continente, en el Río de la Plata, se planteaba el desafío de constituir una sociedad nacional que superara el dualismo rural-urbano, presentado como *Civilización y Barbarie*, que integrara a poblaciones inmigrantes europeas de origen campesino popular y procedentes de las regiones menos desarrolladas de Europa, portadoras de formas culturales locales que se manifestaban en la importancia que tenía el lenguaje dialectal, y que por último fundara simultáneamente a la Nación y al Estado, estableciendo como puente entre ambos a una democracia política que hiciera del Estado la expresión de la Nación.

La base teórica para el funcionamiento de la sociedad se nutría en el positivismo, que también aportaba la metodología científica aplicada en la educación en lugar del dogmatismo y el verbalismo; los avances educacionales de suizos y alemanes, y, por encima de todo, la experiencia de los Estados Unidos, constituían los paradigmas. De este último país se señalaba que aliando la escuela con la democracia, los dos grandes principios de la sociedad moderna, la han convertido, en sus ciento veinte años de vida independiente, en la más grande, en la más rica y en la primera potencia del mundo.

De ahí que en el pensamiento de 1964 del reformador uruguayo José Pedro Varela, de que la educación establece la base de la sociedad republicana y democrática, de manera tal que la educación fue percibida por encima de todo como el fundamento de la organización de la sociedad civil, aún tiene vigente. Por que la extensión del sufragio a todos los ciudadanos exige, como consecuencia forzosa, la educación difundida a todos: ya que sin ella el hombre no tiene la conciencia de sus actos, necesaria para obrar razonadamente. Parodiando en esto a la Francia, los pueblos sudamericanos de habla española han creído que basta para instituir la república el decretarla, y que el empuje de algunos movimientos revolucionarios, que cambian los hombres sin cambiar la cosas, sin operar revoluciones verdaderas, basta para alterar las instituciones y vaciar en nuevos moldes la vida de la sociedad. La obra es imposible: el sueño quimérico. Para establecer la república, lo primero es formar los republicanos; para crear el gobierno del pueblo, lo primero es despertar, llamar a vida activa, al pueblo mismo; para hacer que la opinión pública sea soberana, lo primero es formar la opinión pública; y todas las grandes necesidades de la democracia, todas las exigencias de la república, sólo tienen un medio posible de realización: educar, educar, siempre educar.

Las propuestas de desarrollo educativo tuvieron inicialmente un alcance limitado. En la mayoría de los países, las formas de dominación antes indicadas no creaban el espacio social necesario para su puesta en práctica; la difusión de la educación popular comenzó a manifestarse en aquellas sociedades cuyo modelo de expansión económica hacia afuera, a partir de un control nacional de los medios de producción, requería un nuevo ordenamiento social global. Son los propios hacendados uruguayos, productores para el mercado de exportación, quienes van a apoyar la reforma escolar, porque ven en ella las condiciones de la pacificación y de la transformación de la masa gaucha en peones asalariados. Pero el proceso de difusión de la educación popular esta asociado a la existencia de requerimientos de mano de obra que estimulan la inmigración internacional, y que van acompañados desde el comienzo por un relativo poder de la masa asalariada y por el desarrollo temprano de centro urbanos de comercialización y de producción industrial elemental, los que cimentarán importantes procesos de movilidad social ascendente hacia la constitución de clases medias urbanas.

Un proceso similar se producirá en la sociedad costarricense, desde fines del siglo XIX, como consecuencia de la constitución de una clase media de agricultores independientes a partir de poblaciones productoras de café, que exige un trabajo familiar. Estas clases medias rurales participarán, asociadas a grupos financieros y de comercialización, en una alianza de poder donde la constitución de una nación cualitativamente distinta a la realidad centroameri-cana se logró mediante un sistema de participación social que se expresaba en la homogeneidad de una educación popular - poco necesaria en términos instrumentales para la agricultura - y en un sistema de participación democrática (Cardoso y Faletto, 1969).

Ideología y la situación Europea.

En Europa el proceso de alfabetización se inicia con la reforma religiosa, que introduce el concepto, culturalmente revolucionario, de que la comunicación de los hombres con Dios se realiza a través de la palabra escrita. En consecuencia, la difusión de la alfabetización estuvo asociada inicialmente a la expansión del protestantismo, y luego se propagó a las áreas más desarro- lladas, de manera que, en el transcurso del ciclo de luchas sociales que inaguro la Revolución Francesa, la parte más moderna de las sociedades está capacitada para recibir mensajes escritos por haberse ya alfabetizado. La constitución de los sistemas educativos nacionales a fines del siglo XIX significa la culminación y no el inicio del proceso de alfabetización. Todos los grupos políticos apoyan la existencia de una escuela porque la exclusión cultural de poco sirve para mantener ajenas al proceso político a las grandes masas, y de lo que ahora se trata es de integrarlas de acuerdo con un mensaje socializador. Por eso el debate no se centra entre educar o no educar, sino en los contenidos de la enseñanza, y el mismo se plantea entre las vertientes religioso-conservadora, laica-republicana y laica-socialista. Para las masas proletarias la educación constituyó una bandera de lucha; a través de ella podían obtener el derecho al voto del que estaban excluidas por el analfabetismo, mantener los niños fuera del trabajo y adquirir conocimientos con los cuales constituir una cultura proletaria o estar en condiciones de disputar el poder burgués. Por eso fue precisamente en los países con una estructura de clases más rígida, como Inglaterra, donde las luchas por la educación muestran una asociación más estrecha con el movimiento proletario. Consolidada y difundida la escuela primaria, la educación media y superior fue celosamente defendida por respetables barreras académicas, establecidas por los mismos que se consideraban destinados a una cultura superior, internalizando simultáneamente en los grupos inferiores la noción de que sólo los muy excelentes, en términos individuales, podrían ser *apadrinados* por el propio sistema educativo para proseguir estudios superiores y alcanzar su promoción social. Este modelo, vigente en toda Europa durante la primera mitad del presente siglo, tuvo una legitimidad muy alta y fue admitido como un ordenamiento social resultante de la estratificación de la cultura. Por consiguiente, cuando a partir de los años cincuenta del siglo pasado se inicia la expansión de la educación postprimaria, ésta se realiza a partir de un claro diseño de naturaleza académica y burocrática que le asigna a cada grupo social una educación congruente con su origen social y su desarrollo intelectual, clasificándose este último de acuerdo con las competencias lingüísticas y con su capacidad para el discurso abstracto y las propias para el ejercicio técnico-manual.

Ideología del Proceso latinoamericano.

El proceso en América Latina es diferente, y con relación al mismo pueden distinguirse las siguientes etapas:

1- Educar o no educar; predominó este último criterio, vale destacar, la preocupación en materia de control social se impuso sobre la orientación favorable a la integración nacional. Dada esta actitud del Estado, difícilmente podría encontrarse en América latina que las iglesias y organizaciones intermedias desempeñasen el papel cumplido en Europa y en los países anglo-sajones, en materia de desarrollo de la educación primaria. Las características sociales indicadas anteriormente explican el escaso desenvolvimiento de esas organizaciones intermedias, así como fue reducida la labor de las autoridades municipales las que podrían haber su tarea de administración y regulación local con el desarrollo de la escuela de primeras letras. El resultado es que, promediado el siglo XX, y con la excepción de los países que iniciaron tempranamente el proceso de modernización educativa (Argentina, Uruguay y Costa Rica; y Chile y Cuba en menor medida), la escuela primaria seguía siendo el privilegio de grupos superiores y medios urbanos; los sectores proletarios y populares urbanos gozaban de una oferta limitada y, en el caso de la población residente en el medio rural, por entonces la mitad del total, dicha oferta era casi nula.

2- Demanda de educación que afecta simultáneamente todos los niveles. Se da en forma paralela al ciclo de transformación de las sociedades latinoamericanas posterior a la Segunda Guerra Mundial; así tenemos que, mientras se producen los grandes cambios en materia de urbanización, surgimiento en algunos casos e intensificación en otros de la producción industrial, diferenciación de grupos obreros y de distintos sectores de las capas medias, también se registran paralelamente grandes procesos de cambios políticos que van desde las distintas formas de populismo hasta las revoluciones nacionales y populares, pasando por formas reformistas de distintos tipos.

En las décadas de los años cincuenta y sesenta las demandas son fundamen-talmente urbanas, y entre ellas predominan las registradas en las ciudades capitales, mientras que en la década de los años setenta se agregan sectores de la población rural que, ya sea por penetración de las formas capitalistas en el medio rural, por comunicación con los espacios urbanos o por efecto de una predisposición migratoria, comienzan a demandar escuelas y, en algunos casos, ciclos integrales de educación que comprenden parte de la enseñanza media.

Los grupos urbanos de nivel medio y medio inferior reclaman pronto una extensión de la enseñanza media la que, en la década de los años cincuenta se registrar fundamental mente en países ya avanzados en materia de educación; a éstos se agregan otros países, como Venezuela y Panamá, que incrementan rápidamente la oferta educativa.

Paralelamente, los grupos sociales mejor situados para percibir la importancia de la educación y para lograr ser atendidos por el poder obtienen una difusión vertiginosa de la educación superior. El resultado es que, de una modesta tasa bruta de escolarización de 1.9 en 1950, se alcanza, en 1980, al 16.7, o dicho de otra forma, mientras había dos estudiantes universitarios por cada 100 jóvenes de 20 a 24 años, la relación pasa a ser de 1 a 6 en 1980.

Como no existió un sistema de educación primario integrado previo a dicho proceso, y como su expansión fue, por encima de todo, una resultante de demandas que provenían de grupos con desigualdad social, se creó en la región un sistema educativo cuyo polo superior tiene tasas brutas de escolarización universitaria en algunos países comparables a las vigentes en la misma fecha en Europa, mientras que en otros se corresponden con las que los países europeos registraron en 1970; en el caso de los países latinoamericanos más rezagados, su situación es comparable con la registrada en Europa en 1960. En cambio, en la base del sistema educativo, el promedio de América Latina, establecido a partir del indicador de realización completa de un ciclo escolar de seis años de duración por sólo el 50% de los niños, es comparable únicamente a la situación que los países europeos tenían en las dos primeras décadas del siglo. Dicho de otra forma, los niveles de instrucción o de escolarización incipiente (1 a 3 grado) recuerda al Tercer Mundo, mientras que la cobertura de la educación superior evoca la situación actual del Primer Mundo.

AMERICA LATINA Y EL CARIBE EN COMPARACION CON LOS PAISES MAS DESARROLLADOS SECTOR EDUCACION.- Variables: Matrícula de los niveles primaria, secundario y Superior.

PAIS	Matr. En el Nivel Primario % del grupo de edad				Matr. En el Nivel Secundario % del grupo de edad				Matr. En el Nivel Superior % del grupo de edad			
	AÑO 1980		AÑO 1993		AÑO 1980		AÑO 1993		AÑO 1980		AÑO 1993	
	% de Matr	Ind. Comp	% de Matr	Ind. Comp	% de Matr	Ind. Comp	% de Matr	Ind. Comp	% de Matr	Ind. Comp	% de Matr	Ind. Comp
Prom. P de Ingresos altos	103	100,0	104	100,0	90	100,0	98	100,0	37	100,0	53	100,0
Prom. A. Latina y El Caribe	105	101,9	104	99,7	41	45,6	53	54,1	14	37,8	15	28,3
Argentina	106	102,9	108	103,4	56	62,2	70	71,4	22	59,5	41	77,4
Bolivia	87	84,0			37	41,1			11	29,7	12	22,6
Brasil	99	96,1			34	37,2			34	90,5		
chile	103	100,0	99	94,7	53	58,3	68	68,9	53	141,9	68	127,4
Colombia	125	120,9	119	114,4	41	45,0	63	63,8	41	109,5	63	117,9
Costa Rica	105	101,9	106	101,4	48	52,8	47	48,0	48	128,4	47	88,7
Ecuador	118	114,1	123	118,3	53	58,9	55	56,1	53	143,2	55	103,8
El Salvador	75	72,8	80	76,4	25	27,2	29	29,1	25	66,2	29	53,8
Guatemala	71	68,9	84	80,3	19	20,6	24	24,5	19	50,0	24	45,3
Haití	76	73,8			14	15,0			14	36,5		
Honduras	99	95,6	112	107,2	30	33,3	33	33,7	30	81,1	33	62,3
Jamaica	104	100,5	109	104,3	67	74,4	66	67,3	67	131,1	66	124,5
México	122	118,0	112	107,7	49	53,9	58	58,7	49	113,1	58	108,5
Nicaragua	99	96,1	103	99,0	42	46,7	42	42,3	42	113,5	42	78,3
Panamá	107	103,4			62	68,3			62	166,2		
Paraguay	104	101,0	112	107,7	25	27,2	37	37,8	25	66,2	37	69,8
Perú	114	110,7			59	65,0			59	158,1		
R. Dominicana			97	93,3			37	36,5			37	36,5
Trinidad Y Tobago	99	96,1	94	90,4	61	67,8	76	76,0	61	164,9	76	76,0
Uruguay	107	103,9	109	104,3	62	68,3			62	166,2		
Venezuela	104	101,0	96	92,3	22	23,9	35	35,0	22	58,1	35	35
FUENTE	BANCO MUNDIAL											

En este gráfico se puede ver la evolución que ha tenido la matrícula escolar por niveles de educación, entre los años 1980 hasta el año 1993. Así mismo, se puede notar que los mayores índices de deserción se encuentra a nivel de la educación secundaria en los diversos países. Otros datos pueden se pueden obtener del análisis del gráfico los cuales se dejar consideración del lector.

Fundamentaciones Legales del Proceso de integración Latino-americana.

El basamento legal que dio inicio a la integración Latinoamericana, se inicio con el Libertador **Simón Bolívar**, con su visión y creación de la Gran Colombia "Congreso de Angostura 15 de febrero de 1819", parte de ese espíritu es recogido por el Congreso Boliviano "conformado por los delegados de los países que liberto Simón Bolívar" y publicado en Gaceta Oficial de los Estados Unidos de Venezuela No. 13.021 de fecha 16/12/16; en el cual se hace un primer intento por unificar los sistema de educativos y validez de Títulos o Diplomas en estos cinco países (Colombia, Ecuador, Perú, Bolivia y Venezuela), este acuerdo fue firmado en Caracas, el 17 de julio de 1911, se le dio el nombre de **Convenio Bolivariano**.

Posteriormente y con la mismas intenciones se suscribe el 31 de enero de 1970 en Bogotá, el **Convenio Andrés Bello,** el cual empezó a regir el 24 de noviembre del mismo año. Siendo modificado en noviembre de 1990 en Madrid, para adecuarlo al contexto mundial, con el fin de ampliar y fortalecer el dinámico de la integración, apoyar el desarrollo y mejorar el bienestar material y espiritual de los pueblos iberoamericano. El Convenio Andrés Bello articula su trabajo en torno a ideas temáticas que son también retos contemporáneos asociados a la biodiversidad, la interculturalidad y el mejoramiento de la calidad de los sistemas educativos, que constituyen el marco de orientación estratégico, para dinamizar y actualizar la misión integradora y de desarrollo del próximo milenio.

El Convenio Andrés Bello es una organización que busca la integración desde la perspectiva del recurso humano, reconociendo y desarrollando las potencialidades de las personas de la región iberoamericana, como complementación de los acuerdos comerciales y económicos. Los países que lo conforman son: Bolivia, Chile, Colombia, Ecuador, España, Panamá, Perú, Venezuela y Cuba.

El 19 de julio de 1974 en la ciudad de México, Venezuela firma el **Convenio Regional de Convalidación de Estudios, Títulos y Diplomas de Educación Superior en América Latina y El Caribe**, el cual tiene Aprobación Legislativa el 16 de junio de 1976. Publicado en la Gaceta Oficial No. 31.015 del 2 de julio de 1976, en Caracas Venezuela. Por primera vez los Estados de la Región (Latinoamericana y del Caribe) se adelantan en una serie de principios y medidas destinadas a promover la acción conjunta de los países de esta región en materia educativa y en reconocimiento de los profesionales y al derecho que tienen en ejercer su profesión, y a continuar estudios en cualquier país de la Región. Sirviendo este Convenio de Modelo para que en fecha posterior, firmaron convenios similares los Estados Europeos y Arabes ribereños del Mediterráneo: en diciembre de 1978 lo hicieron los Estados Arabes y luego los Estados de la Región Europea. Además, se ha adelantado en la preparación o firma de Convenios similares parara los Estados Africanos y los Estados de Asia y Oceanía.

Los Estados firmantes dejan constancia que el reconocimiento de validación de los Títulos y Diplomas de Educación Superior es una de las condiciones necesarias para lograr una mejor utilización de los medios de formación existentes en sus territorios, una mayor movilidad de los docentes, estudiantes. investigadores y profesionales; así como para allanar las dificultades que encuentran las personas que han recibido una formación en el extranjero al regresar a sus países de origen.

Dicho reconocimiento de estudios, títulos y diplomas puede aplicarse, según el texto del Convenio, tanto con miras a iniciar o proseguir estudios de nivel superior, como para el ejercicio de una actividad profesional.

En el primero de los casos el reconocimiento permitiría que se tome en cuenta la candidatura del titular interesado para su admisión en las instituciones de educación superior y de investigación de cualquier Estado Contratante, al igual que el titular de un diploma. titulo o grado comparable otorgado en el Estado Contratante interesado.

En el segundo caso: el reconocimiento de un diploma, titulo o grado extranjeros para el ejercicio de una actividad profesional constituye el reconocimiento de la preparación profesional exigida para el ejercicio de una determinada profesión sin que tal reconocimiento exima al titular del diploma, titulo o grado extranjero de satisfacer las demás, condiciones requeridas para el ejercicio de la mencionada profesión que hayan podido fijarlas autoridades gubernamen-tales o profesionales competentes.

Con el fin de lograr la aplicación de las cláusulas del Convenio los Estados Contratantes han previsto la creación de organismos nacionales, bilaterales y subregionales así como la de un Comité Regional, integrado por representantes de los Gobiernos de sus países, cuya Secretaría se confía a la UNESCO.

Es conveniente señalar que el Comité Regional encargado de la aplicación del Convenio de Convalidación suscrito en México por los países de América Latina y el Caribe, se ha reunido en siete ocasiones. Fue a partir de la Tercera Reunión del Comité Regional de Aplicación del Convenio que el CRESALC desempeña la Secretaría de dicho organismo, dando cumplimiento de este modo, a los objetivos fundamentales de contribuir al fortalecimiento de la cooperación entre los Estados Miembros en la esfera de la enseñanza superior y a mejorar el conocimiento reciproco de los sistemas de enseñanza superior en la Región.

En enero de 1996 la UNESCO a través de CRESALC pone en práctica el proyecto de la Red de Integración y Movilidad Académica (RIMA), con el cual se busca integrar proyectos de investigación y desarrollo, de enseñanza y capacitación docente, de interrelacionar los planes de estudios de las universidades de América Latina y el Caribe de manera que los profesionales egresados de cada una de las universidades de los países de la región puedan ejercer en cualquier país de la región si necesidad de tramitar equivalencias o revalidar títulos.

A parte de los convenios Regionales se han firmados Convenios y Acuerdos bilaterales entre los países de América Latina y el Caribe.

América Latina y el Caribe, deben buscar la transformación de la calidad de la educación, formando el recurso humano que demanda la sociedad actual, preparado para competir en un mercado competitivo y cambiante.

Hoy en día nos encontramos con una tensión visible entre el mundo académico y las iniciativas de trabajo de base. A todos nos es familiar la crítica que se hace de que los universitarios se quedan en la teoría y no aterrizan en la realidad concreta. El mundo del trabajo, el de la gestión pública, el de la empresa, están en la actualidad muy distantes del mundo de la educación formal y cada uno parece estar encerrado en confines estrechos y lógicas distintas. Entender los desencuentros entre estos mundos es imprescindible para superar el escepticismo que paraliza a la universidad en muchos de nuestros países y le impide hacer frente creativamente a los desafíos actuales del proceso de desarrollo.

Por estas razones, en la Región se ve con gran entusiasmo la iniciativa que tuvo el gobierno de Venezuela en 1990, al crear el **Programa Bolívar** para la integración tecnológica regional, la innovación y la competitividad industrial, promoviendo las relaciones empresarios, investigadores y universidades, el cual contó con el apoyo de la UNESCO, a través de un acuerdo de cooperación, para trabajar conjuntamente en el desarrollo de esta iniciativa. En 1993 se realizó el primer Seminario Universidad-Empresa, en Santiago de Chile, en 1995 se abrió la Oficina Nacional de Enlace (ONE) en los países de América Latina y El Caribe y una en Europa. También han suscrito acuerdos para trabajar conjuntamente dentro de la iniciativa del Mercado Común del Conocimiento (MECCO) en cuyo marco se han realizado varios eventos. En 1997, con la colaboración de la UNESCO se capacitaron empresarios en al área de preparación de proyectos.

Estas ideas enclavan perfectamente en la Comunidad Latinoamericana de Naciones, propuesta originada en la Reunión del Grupo de Río celebrada en Cartagena de Indias (Colombia) en 1991. La idea se a ido consolidándo ejemplo de ello lo tenemos en la XI Conferencia Interparlamentaria Europa/América Latina celebrada en São Paulo (Brasil) en mayo de 1993, al recomendarse en al Acuerdo No 21 !impulsar el desarrolla del concepto de ciudadanía europea y latinoamericana". Se creó un grupo Técnico de Trabajo entre el Grupo de Río y la Comisión Especial del Parlamento Latinoamericano, que elabora el Acta de Intenciones, dirigida a los Ministros de Asuntos Exteriores del Grupo de Río en mayo de 1995.

En la V Cumbre Iberoamericana de Jefes de Estado celebrada en Bariloche (Argentina) en 1995, se creó el Comité de Alto Nivel para la constitución de la Comunidad Latinoamericana de Naciones, integrado por representante de las Cancillerías, en colaboración con el Parlamento Latinoamericano. De ahí en adelante en todas la cumbres de Jefes de Estado de la Región se le ha impulsado.

Además la Comunidad Latinoamericana de Naciones, es una realidad que ponemos demostrar por los convenios y tratados: Mercado Común del Sur (MERCOSUR) firmado en 1991, se reactiva los acuerdo del Mercado Común Centroamericano (MCCA), en 1992 se abrió el libre mercado entre Colombia y Venezuela, en 1993 se ratificó la Asociación de Estados del Caribe (AEC) incluyendo a Cuba, Haití, República Dominicana y Puerto Rico, en 1994 se firmó el acuerdo del Grupo de los tres (G-3), en 1995 entra en funcionamiento los acuerdos del Grupo Andino (GRAN), aparte de estos están el (NAFTA) tratado de libre Comercio entre Estados Unidos, Canadá y México firmado en 1992 y más recientemente el Tratado de Libre Comercio de América del Norte (TLCAN), ya existe en la práctica la Subregiones de integración y esta en macha su institucionalización.

CONCLUSIONES

Analizando lo ocurrido se puede afirmar que la expansión educativa fue un proceso eminentemente político. La población actuó como demandante de un bien muy apreciado, pero carecía de una imagen sobre la complejidad del proceso de aprendizaje, la relación educativa era concebida casi bajo una for-ma mágica, lo que implicó un afán por llegar al recinto educativo como si el solo acceso fuera suficiente para la transformación de las personas.

Por otra parte, se pude afirmar que el proceso educativo se ha dado en América Latina y El Caribe, para satisfacer las siguientes necesidades:

- La formación de recursos humanos en sociedades en vertiginoso proceso de cambio, lo cual requirió en pocos años, voluminosos contingentes de mano de obra para una industria en expansión y para las actividades terciarias modernas.

- Establecer nuevas pautas de socialización cuando ya las pautas rurales tradicionales resultaban inservibles ante las grandes concentraciones urbanas.

- Reparar personal calificado para actividades complejas. Para satisfacer esos requerimientos en el más alto nivel, se procesaba una cuantiosa base en donde extraer talentos.

En general, estas concepciones se vinculan a la expectativa del aporte del capital humano al logro de una mayor eficiencia de la producción y de la organización social. Algunas de esas ideas fueron propuestas por la propia CEPAL, y aparecen frecuentemente en los llamados Planes Nacionales de gobiernos de la región, sobre los que se fundamenta el conjunto de la política social. Sin embargo, debe advertirse que logros semejantes pudieron alcanzarse recurriendo a otros diseños del sistema educativo, y que la influencia de ese conjunto de ideas fue muy desigual en América Latina y El Caribe, lo que no impidió que las formas que asumió la expansión educativa dependieran más de las condiciones sociales que de los proyectos teóricos e ideológicos .

Tanto las demandas sociales como las políticas estatales suponen que la educación es una de las formas de distribuir bienes sociales, pero ni unas ni otras han considerado que la educación constituye un subsistema social responsable de la creación y transmisión de conocimientos. Esto explica que tanto la ampliación como la restricción educativa se hayan realizado sin tener presente la calidad de los conocimientos que se distribuyen, así tampoco los efectos que esas políticas pueden tener sobre la generación de los conocimientos científicos o sobre la desarticulación de los mismos. Más aún, muchas políticas educativas formulan metas claramente incompatibles con la capacidad efectiva de disponer de recursos humanos mínimamente calificados para alcanzarlas.

La débil participación de los técnicos en los procesos de reforma educacional no estuvo compensada por la intervención de otros actores sociales. Por una parte, la comunidad científica se encontraba poco desarrollada en la mayoría de los países, y quienes intervenían en los debates educacionales lo hicieron como intelectuales políticos; por la otra, los sectores técnicos y empresariales, públicos o privados, en la mayoría de los países manifestaron exigencias relativamente limitadas en materia de conocimientos científicos de la mano de obra más calificada, y, en general, se desinteresaron del nivel de calificación de los egresados del sistema educativo, porque la abundancia de personal educado les permitía elevar el nivel de exigencia formal para la contratación. Los representantes del empresariado de la mayoría de los países se preocuparon más por los aspectos ideológicos que por la formación científico-técnica de la futura mano de obra.

Es importante destacar que, América Latina y El Caribe, ha sido el primer bloque de países preocupados por unificar su sistema educativo y de darle validez a sus títulos y diplomas a nivel de educación media y superior y de permitir así, la prosecución de estudios y el ejercicio de su profesión a todos aquellos que están cobijados por los Convenios. Sin embargo, en algunos países que han suscrito dichos Convenios, no se ha podido dar cumplimiento a los mismos en su totalidad, por falta de voluntad política y por la fuerte presión que ejercen ciertos sectores económicos.

BIBLIOGRAFIA

Capítulos del SELA 46 abril-junio (1996). *Relaciones Externas de A-mérica Latina y el Caribe.*

Da Silva Moreira Alberto. (1995). *Globalización. :Capitalista.* Presencia año 4 No 13 octubre. Centro Franciscano de Argentina.

DESLINDE. Revista de Cedetrabajo No 18 febrero- abril (1996). *No Más Apertura No Globalización: Reseña del Foro "Globalización Económica y Producción Nacional".* Bogotá. Colombia: Autor

Fernández R y Abello A.(1996) *Globalización , Regionalización : Buscando el fondo y su razón.* DESLINDE CEDETRABAJO No 16 diciembre.

Gaceta Oficial No 13.021 (16/12/16). *Acuerdo sobre Títulos Académicos Sancionado por el Congreso Boliviano (Decreto para su mejor ejecución).* Caracas. Imprenta Nacional y Gaceta Oficial.

Gaceta Oficial No 31.015 (02/07/76). *Ley Aprobatoria del Convenio Regional de Convalidación de Estudios, Títulos y Diplomas de Edu-Educación Superior en América Latina y el Caribe.* Caracas. Imprenta y Gaceta Oficial.

Guadilla Carme. (1996). *Situación y Principales Dinámicas de Transformación de la Educación Superior en América Latina..* Ediciones CRESAL/UNESCO. Caracas.

Naciones Unidas (1989). *Hacia un Desarrollo Sostenido en América Latina y El Caribe: Restricciones y Requisitos.* Caracas.

OIT. (1991). *Personal Docente. Los Retos del Decenio de 1990. Ginebra-Suiza.*

República de Venezuela. Ministerio de Relaciones Exteriores. Dirección General Sectorial de Relaciones Culturales. (1992). *Convenios y Acuerdos Culturales Suscritos por Venezuela (Vigentes). Caracas.*

Secretaria Ejecutiva del Convenio Andrés Bello. (1990). _Resolución No 05/90. Por la cual se aprueba el texto del tratado de Organización del Convenio Andrés Bello. La XV Reunión de Ministros de Educación del Convenio Andrés Bello._ Madrid.

UESCO - OREALC. (1990). _Situación Educativa de América Latina y El Caribe_. Santiago de Chile.

UNESCO - CEPAL. (1992). _Educación y Conocimiento: Eje de la transformación Productiva con Equidad._ Santiago de Chile.

UNESCO. (1991). _Conferencia Internacional de Educación 42ª. Reunión._ París.

CURRÍCULUM VITAE

Dr. JAIRO J. SIMONOVIS ROJAS (PD)

Profesor jubilado de la Universidad Politécnica Territorial de Los Altos Mirandinos "Cecilio Acosta" de Venezuela, con la categoría de Titular. Lic. en Educación, con estudios en Especialización y de Maestría en Psicología. MSc. en Currículo, Dr. en Educación, Postdoctor en Educación Latinoamericana. Algunos cargos desempeñados: Representante del Consejo Nacional de Universidades en el Estado Trujillo, Miembro de la Comisión de la Dirección Sectorial de Educación Superior del Ministerio de Educación, Miembro del Consejo Académico, Coordinador de la Subcomisión de Currículo, Coordinador de Investigación, Coordinador de Planificación Curricular y Proyectos Académicos, Miembro del Comité Académico Doctoral de la Universidad Bicentenaria de Aragua. Presidente Fundador de la Red de Investigadores en Educación de América y El Caribe (RIEAC) y Editor de la Revista "RIEAC-Revista de Investigación". Profesor de postgrado de diferentes universidades venezolanas. Asesor y jurado de trabajo de grado y tesis a nivel de pregrado y postgrado. Conferencista invitado en diversos Países de América Latina y El Caribe. Autor de diversos artículos publicados en revistas especializadas.